nF418697

Del desamor a la muerte

Poesías encapsuladas en el tiempo

Juliana Ángel

EDIQUID

DEL DESAMOR A LA MUERTE
Poesías encapsuladas en el tiempo
© Juliana Ángel

Editado por: Corporación Ígneo, S.A.C.
para su sello editorial Ediquid
José Olaya 169, Ofic. 504, Miraflores. Lima, Perú
Primera edición, julio, 2025

ISBN: 978-956-6404-54-5

Se terminó de imprimir en julio de 2025 en:
ALEPH IMPRESIONES SRL
Jr. Risso Nro. 580 Lince, Lima

www.grupoigneo.com
Correo electrónico: contacto@grupoigneo.com | Teléfono: +51 955 071 270
Facebook: Grupo Ígneo | X: @editorialigneo | Instagram: @grupoigneo

Colección: Nuevas Voces

Contenido

En este libro encontrarás tanto poemas como frases libres, así como algunas letras de canciones que también he escrito. Muchas de ellas fueron escritas hace años, mientras que otras son más recientes.

Como indica el título, aquí se abordan temas como la muerte, el desamor, la desilusión y la baja autoestima, aspectos que impactan en la salud mental.

Quiero compartir cada palabra que he escrito, porque en su momento tuve miedo de mostrarlas.

*El dolor es algo que vive el ser humano,
pero puede llegar un punto en que ya nada
llena el vacío de un corazón herido.
Como pasó con el corazón mío.*

Mi mente

En mi mente, encerrado, buscando una escapatoria para no ahogarme en mis pensamientos vacíos.

Contradictoria

Mi mente me está contradiciendo, formando parla-
mentos, abusando de mis pensamientos y entrando
en un bucle infinito de maltrato hacia mí mismo.

Enfermo de pensar

Que pienso y pienso, y no lo entiendo.
Que pienso y pienso, que sobrepienso.
Que pienso y pienso, y me enfermo,
de tal manera que mi mente
quiere dejar de funcionar…
que yo quiero que mi mente deje de funcionar.
Unos minutos, no pido más.
Que, a cualquier hora del día o de la noche, me daña.
Que la maldita rueda se detenga para poder estar un
segundo en paz.
O algo más sencillo:
que mi corazón deje de palpitar tan fuerte y pueda
respirar con normalidad.

Paisajes oscuros sin una determinada dirección.

Sinceramente, ya no quiero sentir.

A menudo

A menudo me siento mal, a menudo me dan ganas de
llorar, de repente explotar… pero no lo quiero lograr.
A menudo la presión en el pecho va aumentando, a
menudo me siento solo, un simple cuerpo con cero
sentimientos… o con muchos sentimientos que me
siento inquieto.
A menudo pienso… No, a menudo no: siempre.
Y es eso de lo que quiero escapar: emociones sin
acceso a controlar.

Tormenta de mal

Mi pecho apretado de tantos sentimientos encontra-
dos, de mis pensamientos naufragando en el mar de
los recuerdos heridos.

Es horrible tener una pesadez de un sentimiento que
ni siquiera puedes descifrarlo.

Explotando en el vacío

Perdido, volando en los espacios de mi mente, siendo
mascota de mi subconsciente. Ninguna gesticulación
en mi rostro, aunque los demás rían fuerte.
Escribiendo versos, a pesar de que los demás
hablen entre ellos. Siendo objeto de mis pen-
samientos. Y, aunque estén riendo, a veces
no me contagia su alegría.
Creo que no siento nada, pero mi pecho, poco a
poco, se está apretando. Siento mis latidos. Mi res-
piración, a veces, se va dificultando. Si quiero, puedo
explotar en gotas saladas corriendo por mis ojos, el
llanto que llevo guardado… incluso de mí misma
tratando de ocultarlo.

¿Cómo puedo huir de mí mismo?

Mis tormentos

El dolor está queriendo salir de mi pecho, pero las
lágrimas no quieren salir de mi cuerpo.
Quiero vivir, pero mi mente me está contradiciendo.
Quiero sentir que puedo servir en lo que quiero.

En mis brazos estaba marcado
lo que sufrí en silencio.

Latidos de mi mente

Y esto se vuelve a repetir. Es una putada sentirse así.
Quiero huir, pero de mi mente, maldita cínica que
siempre quiere joderme.
Quiero huir mentalmente, sentirme separada de mi
subconsciente para sentirme en paz, y no sentirme
con esta ansiedad que ni siquiera me deja respirar.
El golpearme ya se está volviendo un vicio, la
desesperación e inquietud es el centro de don-
de siento el precipicio. Lo que podría tener,
tiene hasta nombre y apellido, pero es malo
si yo mismo me autodiagnóstico.
Mis cambios de humor son de repente, pero no me
culpen a mí, culpen a mi mente… ah, verdad, soy yo
quien la controla, supuestamente. Pero no es tan fácil
como parece. El constante pensamiento de insufi-
ciencia abunda y me hace sentir menos que la gente.
No me digas que a ti te gustaría vivir con este pensa-
miento casi siempre.
Puedo llorar desesperadamente o no botar ni
una sola lágrima, puedo gritar internamente y es-
tar riendo a carcajadas, puedo mirarte fijamente
y estar pensando en cómo escribir lo que siento
en las siguientes parrafadas.

Me siento inútil, me golpeo; no me sale algo, me golpeo; quiero llorar, pero no puedo. Me golpeo. Las manos ya no están siendo lo suficientemente fuertes para sentir el ardor de que posiblemente me haya hecho un moretón. Las emociones explotan y se me apagan como si tuvieran un maldito interruptor. El corazón a mil y el pecho inflado de tantos sentimientos que no llegué a decir y créeme que estoy tratando de soltarlos, y es un grito interno lo que cada letra va formando.
Estoy tratando de no caer tan bajo como para pedir que por favor alguien me tienda su mano.

Tantas palabras, para ninguna acción.

Desvelo emotivo para una miseria de amor.

Intensa

Siempre tuve este tipo de inseguridad. La intensidad.
Si demostraba mucho, si mostraba más de lo que
debía. Siempre me carcomía ese pensar… y me carco-
mió más cuando me dijiste que le bajara dos rayitas,
que parecía que iba a explotar.
«Pero así soy desde que se acercó a mí», era el
pensamiento que tenía cuando nuevamente me
lanzaba malas miradas solo por sentir, sentir un
poco más de emoción al hablar con alguien o solo
porque un poco fuerte reí.
Después de mucha lucha lo entendí, me di cuenta
que no está mal.
Que si voy a sentir alguna emoción la voy a sentir con
la intensidad que mi cuerpo me lo permita. Porque
soy así, o te doy todo o no te doy nada.
Pero tampoco espero que me lo devuelvas.

NO, no me digas nada, que ya bastante escuché
cuando te rogaba, que me trataras bien.

Regabas un jardín completo, pero te faltó agua
para esta flor.

Lo que hiciste conmigo

Sumida en aquel dolor de todas esas tardes a tu lado.
Para muchos no fue nada malo, pero no sintieron que
cada pedazo que tocabas de mi piel quería arrancarlo.
Heridas que tapaba con mi ropa, maquillaje, o mentía
sobre ellas para que no lograran culparte, aunque eras
el responsable. También responsable de las heridas de
mi alma, del miedo, de mi nula calma, de acercarme y
tener miedo de tocarte, de hablarte, de decirte lo que
sentía, de comunicarme.
Solo tu placer era importante. El cariño no existía
cuando solo quería abrazarte, y cedía nuevamente.
Era doloroso y desgastante. Tener que ceder siem-
pre y pocas veces enfrentarte, por querer sentir
tu cariño insignificante.
Ese cariño que ardía, que me hacía doler día tras día,
cada tarde.

Tantas letras lindas, de amor, que escribí para ti… y todas tus palabras fueron mentiras.

Ni un libro completo podría remediar o calmar todo
el daño que me dejaste.

Trauma

Sentimientos de insuficiencia y el sabor de un
amargo recuerdo abunda en mí en un momento
del día inesperado.
Quisiera que todo este malestar salga de mi cuerpo,
que se siente tan pesado cuando me dominan
esos pensamientos.
Quisiera devolver el tiempo para evitar todo ese
tormento que viví, y los demás no comprenden por
qué me siento así, si tan solo hubieran pasado un día
de lo que yo sufrí no estarían hablando de lo que se
«supone» debería de sentir.
Quisiera no recordar nada, y solamente seguir. Pero
me quedo pensando. Solo hago cosas en el día para
no pensar lo que agarrada de tu mano viví.
Trauma, eso es lo que es, y no me hizo más fuerte, no
con eso tengo que seguir adelante y solo lo tengo que
superar. Solo me traumó, me dañó, me lastimó, me
hizo sentir mal.
Quisiera no sentirme así, y sentirme bien estando
sola en mi habitación, en la oscuridad de la noche, en
la oscuridad de los recuerdos.

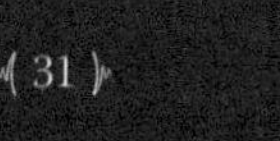

Me decías que yo era la culpable… Claro, yo, la culpable de tu infierno agotador.

Me dijiste que te ibas a matar, cualquier día, en cualquier rato. Y la que casi termina muerta soy yo.

En las noches siento que muero, y me da miedo,
pero a la vez quiero.

2luna Meva

Qué siento… que no siento mi palpitar.
Qué siento que todos me quieren usar.
Per favor, lluna, ven a calmar este caos.
Por favor, luna, ven a calmarme,
que me complica vivir.

Lecturas recomendadas

Azul es azucenas (María Zulema Cantú Cantú)

Entre rosas y sombras (Joaquín Gómez Ricse)

Febrero (Justin Pincay)

El banco del yerr (Juan S. Albuja)